(Conserver la couverture)

NOTICE

SUR LE

P. A. DE CHAMPGOBERT

De l'Oratoire

Par le P. LARGENT

PARIS
IMPRIMERIE JULES LE CLERE ET C⁰
RUE CASSETTE, 29
—
1876

NOTICE

SUR LE

P. DE CHAMPGOBERT

de l'Oratoire

PAR LE P. LARGENT

La vie dont nous voulons tracer une rapide esquisse, a été agitée et douloureuse. Rien ne semblait la destiner, et durant de longues années, rien ne l'avait préparée à l'honneur et aux devoirs du sacerdoce. C'est assez tard, après avoir traversé bien des épreuves, qu'elle a, si je l'ose dire, abordé, comme un port, l'autel où elle devait se transfigurer, et l'Oratoire qui devait être ici-bas son suprême asile.

Ange-Étienne Leclerc de Champgobert naquit à Sens, le 22 mars 1822, d'une vieille famille bourgeoise qui, sous l'ancien régime, avait rempli avec honneur les emplois administratifs. Les soins d'une mère dévouée et pieuse ne manquèrent pas plus à son âme qu'à son frêle organisme; mais ces soins, que Dieu devait récompenser plus tard, ne purent d'abord combattre victorieusement des influences auxquelles grand nombre des contemporains d'Ange de Champgobert n'ont pas su échapper. Dans les années qui ont précédé, dans celles qui ont suivi la révolution de 1830, la bourgeoisie de Sens, pareille en cela à la bourgeoisie de la plupart des villes de France, était livrée aux préjugés d'un libéralisme irréligieux, et l'enseignement universitaire était l'expression fidèle de tous ces préjugés qu'il fomentait encore. J'ajouterai qu'à cette époque, qui nous paraît si lointaine, le clergé n'avait point abandonné partout les traditions et les pratiques d'un rigorisme qui écartait beaucoup d'âmes et qui n'en dilatait aucune.

La foi qu'Ange de Champgobert avait reçue au baptême, et que des influences meilleures eussent développée, ne suivit donc pas les progrès de son intelligence et la marche ascendante de ses études; bien loin de grandir avec lui, elle s'affaiblit et ne tarda pas à s'éteindre. Vingt ans d'indifférence religieuse vont s'écouler pour lui. Les études de droit, et, bientôt après, les luttes politiques rempliront ces années. Déshérité des croyances chrétiennes, il essaiera de se créer des croyances d'une autre sorte: la foi républicaine occupera dans son âme, sans le combler, le vide qu'avait creusé la disparition de la foi catholique. Le deux décembre, qui le trouva, à Moulins, rédacteur du journal *la Constitution*, lui infligea de cruels mécomptes et de dures épreuves; emprisonné d'abord, puis banni, A. de Champgobert partit pour Bruxelles, et de Bruxelles alla chercher un refuge à Jersey.

L'épreuve qui déroutait sa vie, était pour lui une visite de Dieu. A. de Champgobert apprit, par une expérience douloureuse, à connaître l'impuissance et la caducité de ce qui n'est qu'humain; de lointains souvenirs, des aspirations indécises encore, mais déjà fécondes, s'éveillèrent dans son âme; il pria, et la prière l'amena à la foi. En mai 1853, des amitiés puissantes lui rouvrirent les portes de la France, et quand sa mère put le recevoir à Sens, après l'exil, elle vit avec joie qu'elle avait deux fois retrouvé son fils, car Dieu le lui ramenait chrétien.

Son retour au christianisme n'était qu'un premier pas dans une voie où l'appelait la miséricorde divine. Ange de Champgobert, qui s'était marié quelques années auparavant, perdit sa femme, et peu à peu, il s'éleva jusqu'au désir du sacerdoce. Les guides de sa conscience encouragèrent ce désir, dans lequel ils reconnaissaient les indices d'une vocation providentielle, et, le 1er octobre 1855, il entra au grand séminaire de Bordeaux.

Après trois ans de préparation dans le recueillement et dans l'étude, le 18 décembre 1858, A. de Champgobert fut promu à la prêtrise. Successivement professeur au collége de Blaye, vicaire à Bordeaux, curé dans le Bordelais, aumônier d'un orphelinat dans la ville de Sens où les circonstances l'avaient rappelé et semblaient l'avoir fixé, il se livrait avec zèle à toutes les œuvres sacerdotales et goûtait l'austère joie de la paix reconquise. A cette paix, toutefois, quelque chose manquait encore. La nature même d'Ange de Champgobert, impatiente de l'isolement, et plus encore ses attraits surnaturels le poussaient vers la vie de communauté; en octobre 1868, il était admis au noviciat de l'Oratoire.

Quand il eut achevé, à Tours, son année de novicat, le P. de Champgobert fut appelé par ses supérieurs à la résidence de Paris. Dès son arrivée dans cette maison, en octobre 1869, il fut chargé de l'économat, et on l'appliqua en outre aux diverses fonctions du saint ministère. Nous fûmes alors à même d'apprécier toutes les qualités dont la foi et le malheur avaient enrichi son âme. Sous les coups de l'adversité, il était devenu véritablement humble ; au lieu de l'aigrir, la souffrance, dont l'Évangile lui avait révélé le sens et la valeur, l'avait rendu plus bienveillant, plus serviable et plus compatissant. Le siége de Paris lui fournit l'occasion de témoigner son dévouement à ceux de ses confrères qui partagèrent avec lui les privations de cette pénible époque.

L'amour de l'art et le goût des voyages avaient tenu une large place dans sa vie de laïque. Chrétien et prêtre, il n'avait point à sacrifier l'amour du beau : son devoir était seulement de surnaturaliser cet amour, et il n'y manqua pas. Le goût des voyages subsistait toujours chez le P. de Champgobert ; il se plaisait à rappeler la promenade que, jeune encore, il avait faite en Italie, et ses deux voyages d'Orient. Parfois même, il tournait de nouveau ses aspirations vers Jérusalem, et semblait rêver un troisième voyage que ni sa santé, irrémédiablement atteinte, ni le temps ne devaient lui permettre d'accomplir (1).

L'étude des questions sociales l'occupa beaucoup, durant ses années sacerdotales. Meurtri par les décevantes promesses et par les théories insensées de l'école révolutionnaire, il avait passé avec une

---

(1) Le P. de Champgobert a publié le récit de son pèlerinage à Jérusalem dans la *Semaine du Clergé*, (numéros des 30 septembre ; 7, 14 et 28 octobre ; 4 et 11 novembre ; 2 et 9 décembre, 1874 ; 6, 13 et 27 janvier ; 24 février ; 24 mars et 14 avril, 1875).

sincérité absolue, et une conviction fille de l'expérience, dans l'école qui préfère aux *à priori* superbes de Rousseau l'exacte observation des faits, et qui, sans prétendre ressusciter le passé, croit que l'élément traditionnel doit entrer pour une large mesure dans toute *réforme sociale* vraiment digne de ce nom. Les courageuses initiatives de M. Le Play l'avaient singulièrement attiré, et sur plus d'un point il aimait à s'avouer de cet éminent publiciste.

On le croira sans peine, ni l'art ni l'économie politique n'étaient le tout de la vie du P. de Champgobert. Il était pieux, et il l'était avec une nuance de gratitude joyeuse et tendre pour le Dieu qui l'avait conduit, par des voies laborieuses mais sûres, à la connaissance et à la pratique de la vérité. « On s'étonne, » écrivait-il un jour, « de me voir si joyeux de ma conversion, et plus disposé à remercier Dieu de cette faveur qu'à faire pénitence de ma vie passée. » Non, l'on ne s'étonnait pas, on admirait plutôt l'action divine qui avait donné à une âme longtemps ignorante du christianisme, tout le sérieux et toutes les délicatesses d'une piété vraiment sacerdotale.

Dirai-je que les pèlerinages étaient une des formes de sa piété? Le goût naturel du P. de Champgobert pour les voyages y trouvait bien un peu son compte, mais que de fois Dieu, pour sanctifier les âmes, s'est servi des aptitudes et des attraits naturels! Ces pèlerinages, le P. de Champgobert ne pouvait les faire au loin; c'est à Paris, ou dans les environs de Paris, vers les sanctuaires d'Aubervilliers et de Boulogne-sur-Seine, chers à la Mère de Dieu, vers l'église d'Argenteuil, dépositaire de la tunique du Sauveur, que sa piété le conduisait. Ce que cette piété préférait encore aux pèlerinages, ce qui était pour lui la forme souveraine de la religion du prêtre, c'était la célébration quotidienne et fervente du saint sacrifice de la messe. L'autel était le vrai centre de sa vie. Il s'indignait quand le monde osait parler devant lui de prêtres arrivés, de prêtres *qui ont fait leur chemin. Le chemin d'un prêtre est tout fait*, disait-il, *le prêtre est arrivé, quand il est monté à l'autel.*

Cette piété toujours grandissante, et aussi des souffrances qui s'accroissaient chaque année, préparaient le P. de Champgobert à la mort, et la mort ne devait pas tarder longtemps. Il avait traversé péniblement l'hiver de 1874-1875, le printemps et l'été de 1875. L'automne le trouvait à Paris bien lassé, et déjà frissonnant comme s'il eût ressenti les premières atteintes de l'hiver ; une hospitalité bienveillante l'appela dans ce Bordelais qui avait vu les prémices de son sacerdoce. Le P. de Champgobert passa au château de Léognan, chez M. le vicomte d'Etchegoyen, les mois de septembre, octobre et novembre, et le 1er décembre, s'arrachant à cette aimable demeure et à des hôtes qui essayèrent en vain de le retenir, malgré l'âpre température qui sévissait, il partit pour Tours, où il comptait faire, dans la maison du noviciat, sa retraite annuelle. Il n'y devait pas arriver. Atteint à Poitiers d'hémiplégie, il fut transporté à l'hôpital, et on manda auprès de lui le P. Mariote, supérieur de l'Oratoire de Tours, qui accourut aussitôt. Deux de ses neveux vinrent aussi le visiter.

Le P. de Champgobert parlait avec une peine extrême et se faisait difficilement comprendre; cependant, il put recevoir en pleine connaissance les derniers sacrements. Il tomba dans le délire et eut une agonie qui fut longue et douloureuse; toutefois, grâce sans doute à l'intercession de la sainte Vierge, il recouvra son intelligence et la conserva durant quelques heures, baisa le crucifix, et put offrir à Dieu le sacrifice de sa vie, édifiant beaucoup, par cet humble acquiescement à la volonté divine, les religieuses et les infirmiers qui l'entouraient. Le 7 décembre, à quatre heures du matin, il expirait, et entrait ainsi dans l'éternité la veille de la fête de l'Immaculée Conception.

A qui la considère au point de vue exclusivement humain, une telle mort paraîtra bien triste. Le P. de Champgobert avait aimé le foyer de sa mère, et celui de sa famille spirituelle, le foyer de l'Oratoire, et il mourait loin de l'un et de l'autre; il mourait en voyage, presque seul, dans l'asile des pauvres et des délaissés. Frappé d'une quasi-impuissance aux premiers jours de la courte maladie qui allait l'emporter, il semble à l'heure suprême achever moins de vivre que de mourir. Ne le plaignons pas cependant.

Chrétien et prêtre, il meurt pauvre comme est mort Jésus-Christ, et la couche d'hôpital où il expire, en le rapprochant du Calvaire, le rapproche du Ciel.

7964). — Paris. Imp. Jules Le Clere et Cie, rue Cassette, 29.

Paris. — Imprimerie JULES LE CLERE ET Cie, rue Cassette, 29.

www.ingramcontent.com/pod-product-compliance
Lightning Source LLC
Chambersburg PA
CBHW070436080426
42450CB00031B/2678